海上絲綢之路基本文獻叢書

海運新考（上）

〔明〕梁夢龍 撰

文物出版社

圖書在版編目（CIP）數據

海運新考．上 /（明）梁夢龍撰．-- 北京 ：文物出版社，2022.7
（海上絲綢之路基本文獻叢書）
ISBN 978-7-5010-7622-2

Ⅰ．①海… Ⅱ．①梁… Ⅲ．①海上運輸—交通運輸發展—中國—明代 Ⅳ．①F552.3

中國版本圖書館 CIP 數據核字（2022）第 086610 號

海上絲綢之路基本文獻叢書

海運新考（上）

撰　　者：〔明〕梁夢龍
策　　劃：盛世博閱（北京）文化有限責任公司

封面設計：鞏榮彪
責任編輯：劉永海
責任印製：張　麗

出版發行：文物出版社
社　　址：北京市東城區東直門內北小街 2 號樓
郵　　編：100007
網　　址：http://www.wenwu.com
經　　銷：新華書店
印　　刷：北京旺都印務有限公司
開　　本：787mm×1092mm　1/16
印　　張：10.75
版　　次：2022 年 7 月第 1 版
印　　次：2022 年 7 月第 1 次印刷
書　　號：ISBN 978-7-5010-7622-2
定　　價：90.00 圓

總緒

海上絲綢之路，一般意義上是指從秦漢至鴉片戰争前中國與世界進行政治、經濟、文化交流的海上通道，主要分爲經由黄海、東海的海路最終抵達日本列島及朝鮮半島的東海航綫和以徐聞、合浦、廣州、泉州爲起點通往東南亞及印度洋地區的南海航綫。

在中國古代文獻中，最早、最詳細記載『海上絲綢之路』航綫的是東漢班固的《漢書·地理志》，詳細記載了西漢黄門譯長率領應募者入海『齎黄金雜繒而往』之事，書中所出現的地理記載與東南亞地區相關，并與實際的地理狀況基本相符。

東漢後，中國進入魏晉南北朝長達三百多年的分裂割據時期，絲路上的交往也走向低谷。這一時期的絲路交往，以法顯的西行最爲著名。法顯作爲從陸路西行到印度，再由海路回國的第一人，根據親身經歷所寫的《佛國記》（又稱《法顯傳》）一書，詳細介紹了古代中亞和印度、巴基斯坦、斯里蘭卡等地的歷史及風土人情，是瞭解和研究海陸絲綢之路的珍貴歷史資料。

隨着隋唐的統一，中國經濟重心的南移，中國與西方交通以海路爲主，海上絲綢之路進入大發展時期。廣州成爲唐朝最大的海外貿易中心，朝廷設立市舶司，專門管理海外貿易。唐代著名的地理學家賈耽（七三〇～八〇五年）的《皇華四達記》記載了從廣州通往阿拉伯地區的海上交通『廣州通夷道』，詳述了從廣州港出發，經越南、馬來半島、蘇門答臘半島至印度、錫蘭，直至波斯灣沿岸各國的航綫及沿途地區的方位、名稱、島礁、山川、民俗等。譯經大師義浄西行求法，將沿途見聞寫成著作《大唐西域求法高僧傳》，詳細記載了海上絲綢之路的發展變化，是我們瞭解絲綢之路不可多得的第一手資料。

宋代的造船技術和航海技術顯著提高，指南針廣泛應用於航海，中國商船的遠航能力大大提升。北宋徐兢的《宣和奉使高麗圖經》詳細記述了船舶製造、海洋地理和往來航綫，是研究宋代海外交通史、中朝友好關係史、中朝經濟文化交流史的重要文獻。南宋趙汝適《諸蕃志》記載，南海有五十三個國家和地區與南宋通商貿易，形成了通往日本、高麗、東南亞、印度、波斯、阿拉伯等地的『海上絲綢之路』。宋代爲了加强商貿往來，於北宋神宗元豐三年（一〇八〇年）頒佈了中國歷史上第一部海洋貿易管理條例《廣州市舶條法》，并稱爲宋代貿易管理的制度範本。

元朝在經濟上採用重商主義政策，鼓勵海外貿易，中國與歐洲的聯繫與交往非常頻繁，其中馬可·波羅、伊本·白圖泰等歐洲旅行家來到中國，留下了大量的旅行記，記録元代海上絲綢之路的盛况。元代的汪大淵兩次出海，撰寫出《島夷志略》一書，記録了二百多個國名和地名，其中不少首次見於中國著録，涉及的地理範圍東至菲律賓群島，西至非洲。這些都反映了元朝時中西經濟文化交流的豐富内容。

明、清政府先後多次實施海禁政策，海上絲綢之路的貿易逐漸衰落。但是從明永樂三年至明宣德八年的二十八年裏，鄭和率船隊七下西洋，先後到達的國家多達三十多個，在進行經貿交流的同時，也極大地促進了中外文化的交流，這些都詳見於《西洋蕃國志》《星槎勝覽》《瀛涯勝覽》等典籍中。

關於海上絲綢之路的文獻記述，除上述官員、學者、求法或傳教高僧以及旅行者的著作外，自《漢書》之後，歷代正史大都列有《地理志》《四夷傳》《西域傳》《外國傳》《蠻夷傳》《屬國傳》等篇章，加上唐宋以來衆多的典制類文獻、地方史志文獻，集中反映了歷代王朝對於周邊部族、政權以及西方世界的認識，都是關於海上絲綢之路的原始史料性文獻。

海上絲綢之路概念的形成，經歷了一個演變的過程。十九世紀七十年代德國地理學家費迪南・馮・李希霍芬（Ferdinad Von Richthofen，一八三三～一九〇五），在其《中國：親身旅行和研究成果》第三卷中首次把輸出中國絲綢的東西陸路稱爲『絲綢之路』。有『歐洲漢學泰斗』之稱的法國漢學家沙畹（Édouard Chavannes，一八六五～一九一八），在其一九〇三年著作的《西突厥史料》中提出『絲路有海陸兩道』，蘊涵了海上絲綢之路最初提法。迄今發現最早正式提出『海上絲綢之路』一詞的是日本考古學家三杉隆敏，他在一九六七年出版《中國瓷器之旅：探索海上的絲綢之路》中首次使用『海上絲綢之路』一詞；一九七九年三杉隆敏又出版了《海上絲綢之路》一書，其立意和出發點局限在東西方之間的陶瓷貿易與交流史。

二十世紀八十年代以來，在海外交通史研究中，『海上絲綢之路』一詞逐漸成爲中外學術界廣泛接受的概念。根據姚楠等人研究，饒宗頤先生是華人中最早提出『海上絲綢之路』的人，他的《海道之絲路與昆侖舶》正式提出『海上絲路』的稱謂。選堂先生評價海上絲綢之路是外交、貿易和文化交流作用的通道。此後，大陸學者馮蔚然在一九七八年編寫的《航運史話》中，使用『海上絲綢之路』一詞，這是迄今學界查到的中國大陸最早使用『海上絲綢之路』的人，更多地限於航海活動領域的考察。一九八〇年北京大學陳炎教授提出『海上絲綢之路』研究，并於一九八一年發表《略論海上絲綢之路》一文。他對海上絲綢之路的理解超越以往，且帶有濃厚的愛國主義思想。陳炎教授之後，從事研究海上絲綢之路的學者越來越多，尤其沿海港口城市向聯合國申請海上絲綢之路非物質文化遺産活動，將海上絲綢之路研究推向新高潮。另外，國家把建設『絲綢之路經濟帶』和『二十一世紀海上絲綢之路』作爲對外發展方針，將這一學術課題提升爲國家願景的高度，使海上絲綢之路形成超越學術進入政經層面的熱潮。

與海上絲綢之路學的萬千氣象相對應，海上絲綢之路文獻的整理工作仍顯滯後，遠遠跟不上突飛猛進的研究進展。二〇一八年厦門大學、中山大學等單位聯合發起『海上絲綢之路文獻集成』專案，尚在醖釀當中。我們不揣淺陋，深入調查，廣泛搜集，將有關海上絲綢之路的原始史料文獻和研究文獻，分爲風俗物産、雜史筆記、海防海事、典章檔案等六個類別，彙編成《海上絲綢之路歷史文化叢書》，於二〇二〇年影印出版。此輯面市以來，深受各大圖書館及相關研究者好評。爲讓更多的讀者親近古籍文獻，我們遴選出前編中的菁華，彙編成《海上絲綢之路基本文獻叢書》，以單行本影印出版，以饗讀者，以期爲讀者展現出一幅幅中外經濟文化交流的精美畫卷，爲海上絲綢之路的研究提供歷史借鑑，爲『二十一世紀海上絲綢之路』倡議構想的實踐做好歷史的詮釋和注脚，從而達到『以史爲鑒』『古爲今用』的目的。

凡例

一、本編注重史料的珍稀性，從《海上絲綢之路歷史文化叢書》中遴選出菁華，擬出版百册單行本。

二、本編所選之文獻，其編纂的年代下限至一九四九年。

三、本編排序無嚴格定式，所選之文獻篇幅以二百餘頁爲宜，以便讀者閱讀使用。

四、本編所選文獻，每種前皆注明版本、著者。

五、本編文獻皆爲影印，原始文本掃描之後經過修復處理，仍存原式，少數文獻由於原始底本欠佳，略有模糊之處，不影響閱讀使用。

六、本編原始底本非一時一地之出版物，原書裝幀、開本多有不同，本書彙編之後，統一爲十六開右翻本。

目録

海運新考（上）　卷上　卷中　〔明〕梁夢龍 撰　明萬曆六年真定知府錢普刊本…………一

海運新考（上）

海運新考（上）

卷上　卷中

〔明〕梁夢龍　撰

明萬曆六年真定知府錢普刊本

海運新考

卷上

海道總圖
海道新圖
咨訪海道一
咨訪海道二
咨訪海道三
咨訪海道四
試行海運一
試行海運二
試行海運三
試行海運四
試行海運五
犒賞官役一
犒賞官役二
犒賞官役三

犒賞官役四　犒賞官役五
海道蠡測　海道捷徑
海道口岸　海道里數
海道日程　海道灣泊
成造船式　叅募船工
海道通禁　料理兊運
官署事權　申嚴海防
膠萊河辯

卷中

勘報海道　海道覆議
獎勵官役　會薦憲臣
處置事宜
卷下
經理海防　海防覆議
議復成法　成法覆議
飛報海運　優勵臣工
運務條陳　運成優叙

海運新考卷之上

咨訪海道一

欽差巡撫山東等處地方兼督理營田都察院右僉
都御史梁　　爲漕河淤塞糧運艱阻事牌仰布
政司官吏照依牌內事理卽便會同按都二司巡
察守巡等道督同備倭都司并各委官率領知識
人等親詣膠萊廢河踏勘計處務求可成期濟轉
漕合用人夫物料銀兩等項逐一估計明白畫圖
貼說通呈如果難成亦要多方查訪自膠州至海

倉止一帶海中有無元人大洋故道或別有海邉新道如淮安可達膠州形勢設法懸賞多方講究三路務求一路可通具由草成圖說通呈以憑裁酌施行庶可仰承 廟謨爲
社稷無疆之利矣

咨訪海道二

山東布政使司左布政使王宗沭會同本司分守東兖帶管海右道左參政劉孝山東按察司按察使吳文華提學道副使周鑑青州兵備道副使潘

允端分巡濟南帶管驛傳道僉事高克謙山東都
司署都指揮僉事李希周張承業看得漕運係
國家命脈而河道係漕運咽喉近年邳河累淤漕
運梗塞是以　廟堂深思遠慮特為膠河之議自
聞
命及承鈞督以来早夜圖維廣詢博訪務求膠河必
可通行之法以副
朝廷急切之念但事體重大衆議紛紜卽各見之
無有定歸似河功之終難必濟該司會同看得海

運係元人故道除自淮安而北至膠州見今民船通行不計外其自膠州轉東而北至海倉口大約不過八百餘里自元至國初曾通海運享有成利其道可尋訪而知稍以民船試行無碍然後別加詳議自可定為

國家永利且今膠河之議不過欲避大洋之險別開運路以防不虞然見今民船往往通行何獨漕船輙為疑畏況行海省而挑河費利害什百除一面差人多方訪通之日另報外但事干大計伏惟

本院再加詳酌轉
聞早興百年廢功以垂一朝遠利誠不勝惓惓為此
理合會呈伏乞鈞裁施行等因到院據此案照先
准工部咨該戶科給事中李　題為漕河淤塞糧
運艱阻等事備行該司會同勘議通呈去後未報
復該本院照得事關
國計不容延緩又經催行該司會同按都二司巡
察守巡等道督同備倭都司并各委官率領知識
人等親詣前項河道設法懸賞多方講究三路務

求一路可通具由草呈圖説通呈以憑裁酌施行
去後今據前因本院查得山東登州衛海船原設
一百隻正統十三年減免八十二隻止造十八隻
歳撥五隻裝運青登萊三府布花鈔錠一十二萬
餘斤前去遼東賞軍餘船灣泊海濱以備海寇弘
治十六年山東巡撫都御史　奏減四隻其十四
隻分派湖廣江西各四隻就彼成造浙江福建各
三隻每隻觧銀若干兩赴部買料成造正德四年
題

准不必打造今後各布政司每三年徵價解部三府
布花准收折色正德五年戶部奏
准仍復打造嘉靖三年本部尚書崔　奏奉
聖旨是海船工程依擬停止今後各布政司不許科
派擾民欽此本院竊思海船未革于
國初仰見
成祖未嘗絕意于海運近年河漕屢塞太倉空虛患
切燃眉事當畜艾舍海運無可圖者言官建議及
此乃今第一重務可謂憂之切而忠之至矣膠萊

新河可成誠為幸甚如不可成豈可以三百里之
阻廢一全運不圖妨初意而誤大計所據會呈前
因不為無見擬合就行為此案仰布政司着落當
該官吏即便會同按都二司巡察守巡等道督同
備倭都司并各委官一面將新河從實勘估務求
可成期濟轉漕作速呈報一面將海洋新道故道
設法懸賞多方踏訪草具圖說并將海道因革事
宜酌議周妥具呈以憑裁酌施行

咨訪海道三

牌仰巡察海道官吏即便會同守巡二道備倭都
司選差熟知海道勤慎官二員一員北自海倉口
起至天津海口一員南自膠州起至淮安海口各
遵照工部覆奉
欽依該戶科給事中李　具題海邊一帶堪以運糧
道路多用船隻踏試明白如果真確可為運道各
將經行灣泊及迴避地方畫圖貼說先赴各道審
試明白呈送本院覆審施行各官每員量給花幣
銀五兩其合用水手畫匠各色人役工食該道徑

自酌擬銀數一併查将應動官銀呈請支給合用
船隻水手不拘土人島人各處商人該道隨宜調
度仍令各官會同沿海衛所有司差募但要籍記
姓名住址一以便事成犒賞一以便他日指引糧
船另議工食其奉委各官有功之日超格別處敢
有虛應故事及騷擾生事者訪出重究

咨訪海道四

照得
國初由海運糧　京儲充盈登萊富庶經今年久

雖官船不行查得民船每每往來所據道里合行
訪試為此牌仰巡察海道官吏即便會行守巡二
道備示沿海地方不拘官吏軍民及島中流寓之
人但有熟知自膠州至海倉一帶或大洋故道或
靠邊新道如淮安可達膠州之類許畫圖貼說赴
該道審試明白轉送本院陳稟如果真確可通糧
運有功之人先賞銀一百兩仍具
題擢用如不願賞銀或願優免或願贖罪俱聽其
便漕河屢塞見今奉有

欽依計處海運事理忠義之士各思報
國顯揚身家毋得遲隱欺誑該道先將遵行日期
緣由呈報查考毋得違延未便

試行海運一

節據分巡海右兼青州兵備道呈報先蒙本院鈞
牌内事理本道遴委千户韓禮指揮孫學詩高鳳
陽楊國勳孫世忠等帶領船户人等踏勘海道委
可行船別無阻碍等因到院照得海道雖已踏過
尤須多方試驗為此牌仰布政司官吏即便會同

按都二司轉行該道會同分守巡察二道備示沿
海地方不拘軍民人等如有情願將自己或收買
雜糧用自己船隻裝載自膠州海口起至天津糶
賣者許赴該道稟告給與執照赴天津糶賣畢日
備開海中經行灣泊及險要去處同執照赴道銷
繳係良民重加犒賞或係有罪人犯情願輸粟備
船裝運赴彼糶價納官貯庫贖罪者聽從其便將
各姓名呈報本院以憑優處該道仍具遵行出示
日期緣由繳查毋得違延未便

試行海運二

據分巡海右兼整飭青州兵備道呈稱爲照海中道路雖經多官踏勘屢有商販通行固無可疑緣事體重大難以空談遥度必須糧船試行一遍方見成績本道思無别處隨據萊州府見監詳允軍犯華詔等告稱情願輸粟以贖前罪又據青州府義勇官魯礦呈要照例納授青州衛鎮撫本道定擬華詔出米四百石魯礦援例該銀一百八十兩見今勒令備銀押赴淮安糴買其餘再行設處務

足二千石之數行委指揮王惟精千戶陳璋押運
及委登州府通判李應斗前去淮安督令買完前
米如法裝載合用船隻聽詔等自行覓本道仍
量給官銀糴買食米以資船戶盤用再照糧船通
行應帶軍兵盛張旗幟吹鼓先聲震懾以耀武威
定擬跟從徒卒十二名每名給與盤纏官銀二兩
南自淮安開洋由安東膠州登州樂安各經行地
方掌印官掛號驗放直至天津衛交盤收貯與取
收過糧石數目日期回報候本院酌議題　請施

行等因呈詳到院案照隆慶五年三月二十四日
准工部咨前事該本部覆題奉
欽依備咨前來節行該道一面勘估新河一面多方
踏試海道去後今據前因擬合就行為此合咨貴
院煩為軫念
國計委官查驗明實量給海船并慣行海中淮人
數名相幇指引護送各役一到天津之日本院别
有犒賞希将查驗緣由船户姓名登海日期咨示
施行　右咨漕運衙門

試行海運三

據分巡海右道呈稱委官登州府通判李應斗前去淮安買米二千石裝船交付指揮王惟精等押運已到天津其米作何收貯伏乞詳示等因據此案照先據布政司呈將通判李應斗指揮王惟精等押運米石赴天津道寄收緣由前來本院詳批依擬米石暫於天津道寄納候另議處該道素切體　國必有以恤各役泛海之勞也完日報繳去後今據前因擬合就行為此牌仰布政司官吏一

面轉行分巡海右道知會取各犯人實收一面該
司仍取天津道回文立案備查毋得遲違未便

試行海運四

據分巡海右道呈稱委官鎮撫宋應期百戸王九
經押運犯人王鳳唈買完小麥六百石裝船三隻
千戸崔士賢義勇官王收押運犯人孟崇仕買完
小麥六百石裝船四隻俱自膠州起運踏試海道
即令已過登州將至天津其麥作何收貯伏乞詳
示等因據此擬合就行爲此牌仰布政司官吏郎

將前麥照依該司原議行天津道寄收取回文立
案備查一面轉行分巡海右道知會取各犯實收
繳報

試行海運五

隆慶五年七月初九日據分巡海右道潘副使稟
帖據委官寧海衛指揮劉崇儒報稱米船五隻已
過鷹遊山齋堂島等處六月二十九日過膠州靈
山海面至福島三十日巳時風順東行本職會同
委官千戶湯詔駕田橫島船一隻引路仍每船撥

給島人一名幫送七月初一日晚到海洋所海面連遇東風不息初六日方抵文登縣花石港與委官文登營把總千戶黃汝忠交代理合禀報十一日據委官青州府同知程道東報稱相同本月二十一日據潘副使禀帖據委官文登營把總黃汝忠報稱在于靖海衛專候南來米船入境交代引路至七月初六日辰時米船五隻方到本衛地方本日午時由大洋蘇島行至申末在玄真島前灣住次日寅時阻風進入本島守候初八日辰時得

風略順開船本日午時過成山衛白峯頭初九日戌時過成山殿東頭俱遠遠開洋行使初十日申時過威海衛劉公島十一日辰時至金山所海口灣住守候風便西行已近寧海州養馬島自此至登州二百餘里皆係無險去處理合稟報本日據委官登州衛百戶孟得賢報稱相同本月二十二日據潘副使稟帖據委官登州府通判李應斗報稱指揮王惟精等押領米船五隻於七月十四日午時至本府蓬萊閣下十五日祭廟十六日寅時

開船理合稟報本日備倭都司張可久報稱相同
本日酉時據萊州府知府楊起元稟帖據原差探
海馬夫報稱十七日申時指揮王惟精等米船五
隻乘風東來到本府城北海神廟後芙蓉島停泊
理合稟報八月初六日未時據委官登州府通判
李應斗呈稱本年七月初七日承奉山東布政使
司劄付蒙撫按衙門批據本司呈前事仰職即將
米石徑赴天津兵備道交納寄放取本道回文徑
報本院施行奉此切照卑職先蒙分巡海右道潘

副使案驗蒙撫按衙門批據該道呈前事仰職於
淮安府督令犯人王佩等糶米二千石雇船五隻
每船裝載四百石交付指揮王惟精等五員押運
踏試海路於六月十七日自淮安開船至八月初
三日申時到于天津衛河口灣泊一路平穩卑職
眼同本院續差千戶楊國勳布政司令差承差王
邦魯查驗船米並無短少卑職等候天津兵備道
交割另行呈報外今將船到日期理合星馳具報
等因并將樣米呈送前來據此案照本年三月內

准工部咨為漕河淤塞糧運艱阻該戶科給事中
李　具題本部覆題恭候
命下移咨都察院轉咨山東撫按督同布按二司海
右守巡等官務選才幹官員逐一相勘南自淮安
至麻灣北自天津至海倉口俱係沿海地方經行
有無險阻見今商民船隻是否往來通行陳村以
北亭口以南雖有河形原未疏鑿務要計處周詳
畫圖貼說等因題奉
聖旨這事體重大還差給事中一員前去會同該省

撫按官計處停當具奏欽此備咨前來除陳村以
北亭口以南河形不堪行運已該
欽差工科左給事中胡　會同兩院勘明具
奏訖所據海中道路查訪得南自淮安至膠州北自
海倉口至天津內經衛所州縣海面島嶼各有商
民船隻經行歲久中段自膠州至海倉口內經衛
所州縣海面島嶼亦有島人并商民船隻經行二
十餘年各不聞險阻節行布政司會同按都二司
巡察守巡等道備倭都司及帶管巡察海道潘副

使前後呈請批委才力官役照委分踏覆委通踏
堪以通行本年五月內兩院會同
欽差工科左給事中胡　前後各親詣登萊海面只
尺長山芙蓉等島備細查訪軍衛有司士夫百姓
俱無異詞猶恐未的又經兩院批行帶管巡察海
道潘副使設處罪贖委登州府通判李應斗帶領
原杞于淮安府買米二千石雇海鵰船五隻裝載
每隻十二人撐駕每船一隻并撐駕人雇值共銀
一百兩交付指揮王惟精千戶韓禮陳璋緣事千

戶汪士弘納級官魯礦押領由淮安下海直至天津通行覆試本年七月初四日淮總督漕運都御史陳　回咨內稱准照咨文行淮安府曉諭海船人戶悉聽原委通判李應斗等募裝米石于六月十七日自淮安開行出海訖擬合咨覆等因在卷今據前因照得前項海道既踏試明白堪以通行

今河道多事一切轉運大計正臣子不遑寢食多方

獻納之日但事貴慎始議當稽衆況係大計尤須

致詳應否具　題與河道並運為
國家萬年之利及應有急要事宜合行會議爲此
案仰布政司官吏即便會同按都二司并巡察海
道守巡海右等道備加考訪如果衆見符合有利
無害會議明白畫圖貼說并將應有急要事宜通
呈兩院以憑復議會
題施行

犒賞官役一

據分巡海右道呈委自淮安至天津押運米船覆

試海道指揮千百户王惟精等并帶家丁軍伴吹
皷人役遠涉海洋効勞日久具有成績有裨
國計殊爲不淺合行犒賞爲此票仰濟南府官吏
照票事理即動本院贓罰銀兩買辦段花羊酒給
賞後開官役仍具用過銀數繳查
計開　靈山衛指揮王惟精青州衛千户韓禮萊
州衛千户陳璋膠州所縁事千户汪士弘納級官
魯礦以上每員給賞堪用紅段一疋黄段一疋銀
花一對重一兩羊一隻堪用金酒一罈家丁韓朝

陽干卿徐寵李尚德高京韓東陽汪効藿郭一元
閻四夏得利陳孟王得賢盛明惠魯一化魯恩水
手楊木王棟軍伴王進倫趙書韓鳳鳴陳佃夏林
馬道遠吹手張邦儒封倫毛千王書猛千馬禮船
戶楊杲祝賢簡昇以上共二十二名每名給賞紅
絹一疋紅布一疋絨花二枝折牛酒銀一兩

犒賞官役二

據分巡海右道呈委自膠州至天津押運麥船覆
試海道鎮撫宋應期等并帶吹皷人役遠涉海洋

効勞日久具有成績有裨
國計殊爲不淺合行犒賞爲此票仰濟南府官吏
照票事理即動本院贓罰銀兩買辦段花羊酒給
賞後開官役仍具用過銀數繳查
計開　靖海衛武舉衛鎮撫宋應期盖都縣義
勇官王收每員給賞堪用紅段一疋黃段一疋銀
花一對重一兩羊一隻金酒一罈吹鼓手鄧時春
宋花于尚榮崔志永每名給賞紅絹一疋紅布一
疋絨花二枝牛酒銀一兩

犒賞官役 三

據分巡海右道呈委自膠州至天津押運麥船覆試海道千百戸王九經等并義民李逢泰及各帶家丁遠涉海洋効勞日久俱有成績有裨
國計殊爲不淺合行犒賞爲此票仰濟南府官吏照票事理即動本院贓罰銀兩買辦段花羊酒給
賞後開官役仍具用過銀數繳查

計開　登州衛百戸王九經寧海衛千戸崔士賢義民李逢泰以上每員名給賞堪用紅段一疋

黃段一疋銀花一對重一兩羊一隻金酒一罈家
丁陳繼祖宋六十李道藏尚友趙忠王棟崔慶李
准學李邦以上每名給賞紅絹一疋紅布一疋絨
花二枝牛酒銀一兩
犒賞官役四
票仰布政司官吏即動無碍銀照依後開數目各
另包封給各行海官役以爲赴京盤纏仍具由繳
查
計開　靈山衛指揮王惟精青州衛千戶韓禮

萊州衛千户陳璋膠州所千户汪士弘納級官魯
礦登州衛百户孟得賢以上官六員每員盤纏銀
五兩各另包封淮人水手楊杲祝賢島人水手王
天壽項大舉以上四名每名盤纏銀一兩五錢各
另包封俱用紅紙包封印鈐差首領官初一日辰
時候本院公同三司面賞

犒賞官役五

淮總督漕運王　咨先准户部咨該山東撫按會
題前事本部覆奉

欽依咨行量撥漕糧十二萬石務在四月以前趁東
南風柔始便利涉雇覓海船裝載選委把總等官
管轄旗軍兼同慣熟水手駕運其領運官若一年
無欠者即從優賞獎薦二年無欠者仍聽特薦破
格超陞准此除已量撥淮安揚州鳳陽三府漕糧
十二萬石委官督押雇覓海船至期由淮安出海
運納等因移咨到院准此照得海運初行前項糧
船經過山東所有押運官員水手人等合行犒賞
以勵人心爲此牌仰布政司官吏即動庫貯官銀

二百兩徑發巡察海道轉發登州府打造銀牌置辦花紅糧船至日聽候兩院司道親臨酌量犒賞事完造冊繳報查考毋得遲違未便

海運蠡測

弘治間太傅瓊山丘文莊公請于無事時通元人海運故道與河漕並行江西湖廣江東之粟照舊由河運浙西東瀕海一帶浙江布政司及常州蘇州松江三府由海運使人習知海道一旦河漕少有滯塞此不來而彼來又謂海運之利以放洋而

其險也亦以放洋今欲免放洋宜訪素知海道曲折者講求傍海通運之法起自蘇州歷淮揚青登等府以抵直沽濱海去處踏勘萬一可行是亦良便是時河漕通利未見施行正德嘉靖間河漕屢塞每當修治動經累年發帑藏措處告匱丁夫徵發無已海運之議節經建白竟未施行至隆慶四年邳州一帶河道淤平一百八十餘里 京師坐困患切燃眉事乏畜艾

朝廷深以為憂戶科李給事中建議工部議覆講求

傍海通運之法若曰博議變通之宜善述
祖宗之事西河漕而東海運河爲根本海爲羽翼脱
有一道之塞必有一道之通
社稷萬年利也隆慶五年五月
欽差工科左給事中胡　會同巡撫山東右僉都御
史梁　巡按山東監察御史張　計處踏勘得
原議海道南自淮安至膠州北自海倉至天津委
便通舟今日之議與文莊公所稱傍海通運其事
脗合中段自膠州至海倉所經即墨縣田横島海

洋所黄島文登縣槎山成山衛竹島登州府沙門
島萊州府三山島等處可以一體通舟南北中總
計三千餘里風便兩旬可達不便一兩月不可必
訪得二十年前傍海潢道尚未之通今二十年來
土人島人以及淮人做魚蝦販荳貿易紙布等
貨往來者衆其道遂通文莊公所謂歷揚淮青登
等府濱海去處踏勘可行與否者歷歷可按且沿
海二十四衛所地方俱聯錯中段若即此經畧不
動大衆不煩大費不假歲月可以成運

社稷萬年此海萬年更無衝决之患可行可止可止
可行可以全運可以稍運可以爲常可以濟變伸
縮成筭咸由
朝廷乃 神京莫大水利文莊公之言歷今百年方
遇 廟堂力行忠猷大計先後一揆但造船係每
年不貲之費改兑關各省便安歲久之情事理重
大不敢越俎妄議畧具成造船式料理兑運二款
之下及照山東海道綿亘四府東近朝鮮北接遼
東西北密邇 神京南控淮揚無遠弗達真四海

上游海運既行經畧事宜水戰有備庶幾海防肅清功收萬全

海道捷徑

查得二十年前傍海滿道尚未之通今二十年來土人島人以及淮人做魚蝦販苧豆貿易紙布等貨往來者衆其道遂通文莊公所稱傍海通運之法歷歷揚淮青登等府濱海去處踏勘可行與否者歷歷可按大較元人海運起自蘇州今起自淮安元人泛大洋今傍海涯開泛洋中

海運之議在今日由淮安而上姑置勿論自淮安而下望東北歷鷹游山安東衛石臼所夏河所齊堂島靈山衛古鎮膠州鰲山衛大嵩衛行村寨萊陽屬一帶海面二十年來土人淮人島人貿易南北貨物已爲熟路自海洋所歷竹島寧津所靖海衛望東北轉過成山衛劉公島威海衛轉西歷寧海衛一帶海面二十年來土人島人遍洋採捕商販達淮往來不絕自福山縣芝罘島至登州府城北新海口沙門等島西歷桑島㟙屺島黃縣屬此島通陸岸土人多養馬其間自㟙屺島望西歷三山島芙蓉島萊州大洋

海倉口土人島人採捕商販往來不絕自海倉口西歷淮河海口魚兒鋪西北歷侯鎮店青州屬至唐頭寨青州屬土人島人商販不減于膠淮白侯鎮望西北大清河小清河海口濟南利津縣屬乙溝河入直沽抵天津衛東西南北往來尤多

海道口岸

自淮安府淮口入海向雲梯關歷石鰍口長灘安東縣蓮花口西海州塔兒灣臨洪島青河口鷹遊山此山在安東衛東南百里山嘴有石石衝水水旋船應避不可入旋中興庄朱門

口嚮石口安東衛攔頭山（此山嘴激水噴浪）望東轉過歷滴水口（有巡檢司贛榆縣屬）張洛口濤洛口夾倉口（有巡檢司日照縣屬）石臼島所石河口湖水口龍汪口青泥口信陽場口（諸城屬）石山島所夏河島所（靈山衛屬）齋堂口（諸城屬）靈山衛古鎮（膠州屬）董家灣福島（即墨屬）勞山鰲山田橫島大嵩衛行村寨（萊陽屬）琵琶島（即官家島）乳山寨（寧海州屬此山東南有亂石應避）望東南行使轉過東北便是海洋所望東小黃島東北青島竹島再往東北便是寧津所靖海衛北望槎山白峯頭（開洋向東北稍避）轉過成

山青鷄島羅山所威海衛劉公島轉西歷寧海州

空空島竒山所芝罘島福山縣屬八角島正西歷蘆洋

寨登州衛屬劉家汪海口蓬萊縣屬灣子口抹直口登州城外有金

嘴備石應避登州新海口沙門島望西南歷黃河營桑島

黃縣屬㟃屺島萊州屬三山島芙蓉島萊州海神廟海

口虎頭崖此崖傍海灣泊至天津九百餘里青萊船多行又一近洋止五百餘里島船多

行海倉口掖縣屬淮河口昌邑縣屬魚兒鋪白浪河濰縣屬

洱河海口壽光縣屬唐頭寨樂安縣屬小清河口絲罔口子

江岔河大口子利津縣屬大清河小沙河渾水汪降河

久山河霑化縣屬大沙河套河沙頭河海豐縣屬大溝河桑句河徐家溝乞溝河塩山縣屬大沽河抵天津衛

海道里數

淮安府至安東縣九十里安東縣至馬洛關五十里馬洛關至蘆浦四十里蘆浦至楊寨四十里楊寨至白沙關二十里白沙關至雲梯關二十里雲梯關至淮河套六十里淮河套至大海東洲山一百二十里東洲山至高公島三十里高公島至鷹游山三十里鷹游山至虛溝所十五里虛溝所至

青口六十里青口至興庄五十里興庄至東流所一百里東流所至濤洛場三十里濤洛場至信陽場一百二十里信陽場至齋堂島四十里齋堂島至靈山島九十里靈山島至竹槎島五十里竹槎島至浮島四十里浮島至灣島六十里灣島至鰲山管島三十里管島至田横島七十里田横島至欽島一十里欽島至青島一百二十里青島至海洋所灰島七里灰島至炕兒島十八里炕兒島至玄城島一百二十里玄城島至雙駝埠二十里雙

駝埠至寧津所八十里寧津所至成山衛五十里成山衛至青鷄島六十里青鷄島至羅山所五十里羅山所至威海衛四十里威海衛至劉公島五十里劉公島至寧海州七十里寧海州至空空島五十里空空島至奇山所三十里奇山所至福山縣三十里福山縣至登州新海口八十里登州新海口至沙門島六十里沙門島至桑島五十里桑島至萊州㟂屺島四十里㟂屺島至三山島八十里三山島至芙蓉島五十里芙蓉島至海倉一百

里海倉至魚兒鋪十里魚兒鋪至白浪河五十里
白浪河至八溝河五十里八溝河至小清河二十
里小清河至新河五十里新河至絲罔口子十里
絲罔口子至江岔河十里江岔河至大口子四十
里大口子至大清河十里大清河至唐頭寨十里
唐頭寨至小沙河五里小沙河至渾水汪十五里
渾水汪至降河三十里降河至久山河十里久山
河至大沙河二十里大沙河至泊油河十五里泊
油河至套河十五里套河至沙頭河十里沙頭河

至大溝河三十里大溝河至桑句河三十里桑句河至徐家溝十里徐家溝至乞溝河七十里乞溝河至大沽河一百二十里大沽河至天津衛一百五十里天津衛至張家灣八十里

以上淮安府起至張家灣止海道水程共計三千三百九十里

海道日程

自淮安上船一日可至鷹游山此山一晝夜可至齋堂島此島一午可至靈山此山一午可至膠州

海面自此一夜可至福島此島一早可至管島此
島一午可至田橫島此島一晌可至青島此島一
時可至黄島此島一時可至宮家島此島一夜可
至黄礁石此礁一時可至槎山雙駝兒此駝一時
可至養馬島此島一時可至白峯頭自此一時可
至成山衛嘴龍灣過成山自此一時可至青雞島
此島一時可至劉公島此島一時可至空空島名一
崆峒島此島一夜可至登州城外新海口此口一晌
可至沙門島此島兩時可至桑島此島一時可至

峔屺島此島兩時可至三山島此島一時餘可至
芙蓉島此島一日可到海倉海口自此一早可到
唐頭寨此寨三日可到天津衛

此條與上條似重但彼以里數言此以所至時刻言蓋海舟進止以風汛爲主非其時尺寸不前得其時瞬息千里不可以智力爭法令驅也膠萊土人云風利兩日夜可達淮安萬一不利或十日或半月不可知云

海道灣泊

沿海經行停泊去處宜在舊設墩上晝豎旗幟夜懸燈籠以便趨泊嘗考之永樂間平江伯陳瑄督海運於寶山上建烽火高三十餘丈今宜師其遺意多爲標識云

由淮安迤至信陽場場東土民董敬門前可灣船二三百隻齋堂島

諸城縣屬在夏河所東南相去水路陸路共約二十里自鷹游山開船好風一晝夜到齋堂島島後琵琶嘴可灣船二三百隻○訪得濤洛夾倉口白夏河等所安東靈山一帶地方近多福建徵州鉅商做魚興販

靈山島西離齋堂水路五十里北離靈山衛水路四十里係膠州地方好風由島北徑行或阻風奔本島或靈山衛前可灣船二百餘隻

古鎮巡檢司由鎮南海

邉行或阻風在鎮西海王門前龍王溜處可灣船五百餘隻竹槎島膠州屬在靈山衛東
薛家島前離靈山衛水路五十里船由島前懷行或阻風即奔此島或薛家島前可灣船二三百隻
黃島商船每在此灣守風可灣船百十隻淮子口在膠州城東最爲險要內多隱石潮
長不見須是轉南行船膠淮商販一向往來甚衆已成熟路陰島膠州屬船由島前行潮退
有旱路內爲民居麻灣西口可通膠州灣船福島一作浮即墨縣南五十里顏武
社地方船由島後好行亦可灣船淮口港鰲山衛屬遇大潮可灣船四五十隻董家
灣即墨縣南九十里每三四月捕魚時百筏叢集灣前有石礪須近裏二里路開船大管
島即墨縣蕭旺社地方離縣水陸共十里島裏外俱可行船小管島蕭旺社地方離岸十
里如船奔程不及此島可灣離鰲山衛十餘里田橫島即墨縣屬去縣一百二十里此島西

離齋堂島水陸共有五百里好風一日可到島後東圈西圈俱可灣船**栢島**春天船由外行秋天船由裏行**沙島**大山所屬離岸十里可灣船百十餘隻**馬公島**即墨縣正東雄崖所正南萊陽縣屬島前島東并何家馬頭俱可灣船六七十隻**草頭嘴**大嵩衛正東離衛二十里寧海州屬自田橫島開船或阻風奔此可灣船六十隻**青島**乳山寨西南小海最可灣船帶麥島海口楊家盤海口擒虎山海口俱可灣船不多**黃島**海洋所正南離所二十五里島西所前最好灣船寧海州屬離州一百六十里**海洋所白沙海口**可灣船不多**宮家島**即琵琶島寧海州郡村社地方離海洋所四十里島西北空裏最可灣船**長灣圈**文登縣地方古灣船處**龍門口**文登縣地方在靖海衛西北可灣船**狗角口**靖海衛正東蘇心島西北與蘇州南北相對故名蘇心島上有海神廟此口最可灣船**槎**

山文登縣南一百二十里有九頂南瞰大海可以遠瞭船隻爲水程標記宋家圈即沙島俗呼椰埠海口靖海衛屬可以灣船又蘇山海口可灣船百十餘隻何頭嘴即延眞島鄰岸五里文登縣東一百二十里石島文登縣赤山寨地方船出島南行別付崖在赤山寨南可灣船木家島即鏌鋣島南懷好灣船島東北海內有凹屋巇最爲險要船開裏行無妨島在文登縣東一百里昔有捕魚者於此獲寶劒故名黑石島遼呼蝦兕駝船由裏外俱好行楊家塋寧津所東南潮落則顯潮長則隱內有石龍有墳六七座由裏洋數里開船無妨岸人呼爲杵島島人呼爲乾島菉豆島尋山所南遇南風可灣船家雞汪海口成山衛屬可灣船四十餘隻窩島海口可灣船百十餘隻駱駝石水急好灣船竹島成山外正南相去二十里船由堦東頭行轉馬山至秦皇廟或阻風

進馬山北小海口可灣船守風

送波嘴

春山嘴 一名黃石崖灘陡水勢洶湧無風激浪如雪船由裏行或阻風在黃埠嘴可避亦可灣船百餘隻

成山衛海口 可灣船百餘隻

柳夼海口 可灣船百餘隻

白峯頭 在成山衛地方約有十里其處多礁石無風激浪有聲船經此向東開十餘里避之無妨

儸人橋 潮退橋顯十餘里潮長水漫只露橋尖無風激浪如雪由裏開洋二十里行船或口西亦可

海驢島 成山衛東北四十里可避儸人橋之險開洋二十里島東北望西轉

鷄鳴島 即青吉島文登縣東一百里自成山衛起望西北行抵此島行船灣船俱可遇東風即行廻避或回成山或前山劉公島〇有雞鳴嶼內浮礁一片可避望西有夫人嶼不可在內行船望西北行至劉公島約四十里

大溝海口 文登縣地方口南邊有暗石沙港不可灣船

辛汪寨 文登縣屬迤北有陳家崖可灣船

黑山洋近黑島在威海衛東北洋險不可灣船劉公島文登縣地方去縣一百二
十里望東北行至王家嘴轉西行過有漫村海口
有土灘在威海衛後東西有黑石海口俱陡崖不
可灣船遇南風在衛東北張家海口可灣自劉公
島轉西至小杵島抵空空島約一百餘里好風一
日可到芝罘島或遇西風西北風正北風威海衛
燥起速回劉公島避之空空島不可灣船
東關外海套可灣船二百餘隻寧海衛東柄海口可灣船不多
養馬島水路至寧海衛十里可灣船不得已在花合港亦可龍門港口古灣船處
金山所雙山等海口俱寧海衛屬可灣船二三十餘隻芝罘島俗呼滋島
奇山所西北與陸岸相通東西二十里長內有福
山民居至奇山所一十里至福山縣三十五里至
八角口六十里最好灣船大河海口不得已可灣船五六十隻奇山所前圈

海口可灣船不多後圈海口可灣船不多勝子圈可灣船不多灘
名口可灣船五六十隻婆婆海口宅窠海口俱可灣船五六十隻蘆
八角海口一名八家福山縣屬古灣船處可灣百十餘隻東至芝罘島水路七十里
蘆洋營蓬萊屬有蘆洋社土人與島人最狎處南北相通劉家汪口蓬萊屬可灣船
六七十隻灣子海口可灣船不多東至八角口水路七十里抹直口近岸有金
嘴石礁可避登州新海口備倭都司城進可灣船百十隻長山島沙門
島俱蓬萊縣屬海運故道最要處見有井可汲舊有監察行臺二巡檢司有海廟正德以前有司
春秋兩祭欒家海口可灣船十數隻遇北風不敢久停西至黃河口寨三十里黃河
營登州衛屬有東小海套可灣船二三十隻土人島人最狎處桑島一名桑雞島島前懷

二　五百九十八見

可灣船百五十隻東至新海口六十里離岸馬停寨十五里有井可汲馬亭鎮巡檢
司黃縣屬迤西地名大龍口一帶灘淺不堪灣船馬亭寨備禦所萊州衛屬西至
東良海口二十里招遠縣屬界河海道經云開放萊州大洋收進界河即此在黃河西六十
里今沙淺不堪灣船東良海口東北羊欄海口歷王徐寨城北海岸一帶礁石最宜廻避
㟂屺島黃縣屬南懷可灣船五十隻避北風西至三山島約五十里東西南北俱有礁石宜
避內有龍王廟此島有路約一里寬南通陸岸三山島萊州屬南北二面俱可灣船五十餘
隻西面有礁石有龍王廟西至芙蓉島約四十里蜉蝤島萊州屬一名芙蓉島北島東有
沙嘴一條半截沒水半截顯露開船裏行無碍西至海倉巡檢司一百里此島可灣船百十餘隻至
虎頭崖五十里至唐頭寨三百餘里萊州海神廟後海口灘淺可灣船十數隻

虎頭崖 登州上船至虎頭崖俱有島嶼灣泊處所虎頭崖至海倉口七十里海倉至唐頭寨一百八十餘里唐頭寨至天津衛七百餘里此路雖遠有灣船處所堪以行運又虎頭崖開洋往西北至天津衛約五百餘里此路經便但無灣船處所 **海倉口** 西半里新河海口可以灣船西至魚兒鋪巡檢司一十里至河三十里可灣船各十餘隻 **濰河口** 可灣船三十餘隻西至魚兒鋪三十里至白浪河五十餘里 **魚兒鋪巡檢司** 昌邑縣屬西至青州左衛唐頭寨二百二十里至洱河海口九十里 **洱河海口** 青州屬可以灣船 **小清河** **大清河海口** 俱可灣船 **唐頭寨** 樂安屬通商處所山東人遼東人永平人天津人二三四五月間販運布疋米豆麯塊魚蝦并臨清貨物往來不絕 **小沙河口** 往裏十五里可灣船三十餘隻至渾水汪十五里 **渾水汪口** 可灣船三十餘隻 **大沙河**

（西北東南俱可灣船）套河（往裏二十餘里可灣船三十餘隻至沙頭河十里）沙頭河（可灣船百十隻）桑句河（至徐家溝十里）徐家溝河口（可灣船十數隻至乞溝河七十里）乞溝河海口（可灣船三十餘隻至天津一百二十里）天津衛（至張家灣八十里）

以上海道節經行委布政司左布政使王宗沐轉行分巡海右兼青州兵備帶管巡察海道副使潘允端會同分守東兖帶管分守海右道左參政劉孝及副使潘允端呈請前後批委才力官生及各色陳稟人役分投踏訪明白仍買米

二千石雇海鵰船五隻每隻十二人撐駕由淮
安裝載至天津下卸覆試無礙

成造船式

海船初造并每年添造工料銀兩
國初均派各省自宣德至嘉靖年間陸續裁免已
盡

海船原有一千料又曰鑽風四百料
元用羅壁造舟名曰海鵰一名海鶻其制龜身蛇首版
木堅厚每船兩旁用大竹幇夾隨帶楸杉梧桐輕

太一不畏礁二不畏沙一任風浪輕浮若隼翅然以鵬名者言其迅捷有扶搖萬里之義沙船亦利今載米踏試海道所雇淮船名曰海鵬今福建白艚船廣東烏尾船梁高三四丈者更利

參募船工

元人于揚州教習水手丘文莊公亦云然元人用召募今用旗軍初行海運旗軍未慣又一時教習水手不及訪得登萊淮揚多有行海之人宜行召募每船參用三五人俱著落州縣衛所結送前來

議給工食一二年後旗軍慣熟另行議處行運之
初偏裨把總等官宜遴選登萊淮揚或閩廣素行
海洋武弁以充訪得膠〻來商販募淮人開洋直抵
交卸一往一來每人工食銀二兩七錢仍每人日
給米一升青萊天津商販募值少減今又加中段
况係海運初行宜加優厚以裨樂從

海道通禁

查得元人海運既通南番貢獻皆倣效而行今通
海運預當禁止仍令由中原驛路以迂其行盖

祖宗有深意云

膠萊父老云海船底尖入水頗深最忌滿載如舟堪千石者只載七百石遇風不利轉柁為便不然未免失事往來淮安屢有證驗又云海船全借風力故海運之利以風而其為害亦以風又云海船之失皆因風打非遇礁則遇淺最要占候迴避諸占候門類及預備緩急具載海道經通運之初應于淮安天津揭榜通衢令人人知悉

料理兊運

海道猶碁枰也運粟猶手較也元人海運自劉家港開洋故江南之粟悉輸太倉

國初仍元故事令擬自淮安海運亟應議將某省某府之粟輸于淮安聽漕運衙門料理若不先議定譬之奕者具枰几上手較之事尚長矣至天津交卸亦宜有專官料理

官署事權

令議海運南起淮安北達天津登州寔為居中要地宜

命重臣於此經畧海道兼理軍務仍須淮揚天津二
兵備道地方聽其節制庶便行事巡察海道副使
應兼理糧運備倭都司應改參將兼管海道糧運
各增入應轄地方請給
敕書以隆事權其膠州并唐頭寨二處宜設把總分
地提調各衛所司寨墩港

申嚴海防

山東沿海雖有二十四衛所行伍逃亡過半餘赴
京邊做工海防廢弛已甚將來深有可虞及今海

運宜申嚴巡哨須將京班軍人或于近年改借邊班數內量留一枝以實地方以振武備蓋不但有裨海運寔預為海防計云

膠萊河辯

志稱登萊本海運故道謂登萊海面非謂登萊陸地故文莊公所稱傍海通運乃求之于海非求之于陸也觀其欲訪通番航海之人及起取慣駕海舟竈丁許以成事加以官賞數言可見嘉靖十七年山東海道王副使誤認元人膠萊廢渠為海運

故道勞費無成輒刻石繕書類輯文案疑以傳疑
後人或增入輿圖或採作志紀遂遍四方其畧曰
膠萊新河元時所濬可避海道數千里之險世人
未能舉其說也不知原未成運安得謂之可避又
曰海運行則膠萊之故道不可不復矣不知元人
先有事于膠萊新河勞費不貲卒無成效然後行
海運食貨志年月可考又曰今之膠北廢河非元
人放洋舊道乎夫既云放洋豈應在于陸地又曰
膠萊新河即文莊公傍海通運之意蓋未詳文莊

之議始終與新河無干又曰新河乃歷代所求而未得者夫元人以前無新河也元人以開國全盛財力智巧咸集兩番有事于新河畢竟廢棄豈其得已盖渠身道里太長春夏泉流淺涸別無引注伏秋山水猛驟頃刻盈溢一望無際不便牽挽南北兩頭海沙易壅出入借潮潮有大小舟有行閣門戶之處全不通利以故

國初置而不問何得謂之歷代所求而未得也他未暇論乃江西預作廣輿圖王方伯今再起山東

以所見與在江西時所聞懸絕深悔當年誤信王副使石刻其餘近刻志紀遍四方者又皆採廣輿圖之說者也不待辯也且西河漕而東海運大致也河漕似安而多勞費海運似險而屬便利一任其勞一任其便相濟之策今行海運中段乃有事于新河借曰可成目前開治之難臨事啓閉牽挽之勞盤剥守候之費日後淤塞之苦又一河漕矣若謂南北海運中取捷徑不思中段千里海面與南北一水相通三五日可達似迂而寔捷新河三

百餘里以河漕行程而計速則半月遲則尚多似
捷而寔迂文莊公以前議海運不及新河王副使
而後議海運必及新河起手不成全議頓阻良可
太息今經多官歷歷勘明若不詳辯後世萬一復
踵其議修元人之中輟舉
二祖之不圖百萬財力用盡無效欲增不可欲罷不
能竊懼别致事端矣王副使之功獨其因嘉靖十
一年巡按方遠宜采訪遺意自膠州以南海倉以
比因私泛之人得傍海之路擬通海運以待不虞

其思深其見遠其謀忠其事若不敢泯焉今　廟
堂憂邳河淤平　京師坐困議通海運羽翼河漕
忠猷大計千載一時誠止膠萊河役自淮安至天
津南北中三段俱由海運則一水易通勞費不須
是即文莊公傍海通運之策而
國計永賴矣○附元益都田賦總管于欽山水全
文○膠水按水經出黔陬膠山今膠州膠西縣西
南鐵橛山也北逕密州東北鹵山古名五弩山鹵
水入焉寰宇記膠水出密州諸城縣東嶗山或亦曰膠山出鹵山皆非是又北逕

高密縣東北入都濼都濼者水經謂之夷安潭秦地圖謂之劇清池即古貕養澤也張奴水出高密東阜下亦注此澤自澤北出注新河張奴水一名墨水水側有張奴店由河北入于海其東北入海者膠水之故道差淺而新河爲經流新河者至元初萊人姚演建言首起膠西縣東陳村海口自東南趍西北鑿陸地數百里欲通漕直沽海口數年而罷余嘗乘傳過之詢土人云此河爲海沙所壅又水潦積淤終不能通徒殘人耳演眞鄭國之罪人也〇附元食

貨志全文○元都于燕去江南極遠百司庶府之
繁衛士編民之衆無不仰給於江南自丞相伯顔
獻海運之言江南之糧分爲春夏二運蓋至于京
師者一歲多至三百萬餘石民無輓輸之勞國有
儲蓄之富豈非一代之良法歟初伯顔平江南時
嘗命張瑄朱清等以宋庫藏圖籍自崇明州從海
道載入京師而運糧則自浙西涉江入淮由黄河
逆水至中灤旱站陸運至淇門入御河以達于京
後又開濟州泗河自淮至新開河由大清河至利

津河入海因海口沙壅又從東阿旱站運至臨清入御河又開膠萊河道通海勞費不貲卒無成效至元十九年伯顏追憶海道載宋圖籍之事以為海運可行於是請于朝廷命上海總管羅壁朱清張瑄等造平底海船六十艘運糧四萬六千餘石從海道至京師然創行海洋沿山求嶼風信失時明年始至直沽時朝廷未知其利是年十二月立京畿江淮漕運司二仍各置分司以督綱運每歲令江淮漕運司運糧至中灤京畿漕運司自中灤

運至大都二十年又用王積翁議令阿八赤等開廣新河然新河候潮以入船多損壞民亦苦之而忙兀䚟言海運之舟悉皆至焉於是罷新開河頗事海運立萬戶府二以朱清爲中萬戶張瑄爲千戶忙兀䚟爲萬戶府達魯花赤未幾又分新河軍士水手及船於揚州平灤兩處運糧命三省造船二千艘於濟州河運糧猶未專於海道也二十四年始立行泉府司專掌海運增置萬戶府二總爲掌海運增置萬戶府二總爲四府是年遂罷東平

河運糧二十五年内外分置漕運司二其在外者於河西務置司領接運海道糧事二十八年又用朱清張瑄之請併四府爲都漕運萬戶府二止令清瑄二人掌之其屬有千戶百戶等官分爲各翼以督歲運至大四年遣官至江浙議海運事時江東寧國池饒建康等處運糧率令海船從揚子江遡流而上江水湍急又多石磯走沙漲淺糧船俱壞歲歲有之又湖廣江西之糧運至真州泊入海船船大底小亦非江中所宜於是以嘉興松江秋

糧并江淮江浙財賦府歲辦糧充運海漕之利蓋
至是傳矣

海運新考卷之上

海運新考卷之中

勘報海道

欽差巡撫山東等處地方兼督理營田都察院右僉都御史梁夢龍　題爲勘報海道事據山東布政司呈稱隆慶五年八月二十七日抄蒙臣案驗內開隆慶五年七月初九日據分巡海右道潘副使禀帖據委官寧海衛指揮劉崇儒報稱米船五隻已過鷹遊山齋堂島等處六月二十九日過膠州靈山海面至福島三十日巳時風順東行本職會

同委官千戶湯詔駕田横島船一隻引路仍每船撥給島人一名幇送七月初一日晚到海陽所海面連遇東風不息初六日方抵文登縣花石港與委官文登營把總千戶黃汝忠交代理合禀報十一日據委官青州府同知程道東禀帖報稱相同本月二十一日據潘副使禀帖據委官文登營把總千戶黃汝忠報稱在于靖海衛專候南來米船入境交代引路至七月初六日辰時米船五隻方到本衛地方本日午時由大洋蘇島行至申末在

玄真島前灣住次日寅時阻風進入本島守候初
八日辰時得風畧順開船本日午時過成山衛白
峯頭初九日戌時過成山殿東頭俱遠遠開洋行
至初十日申時過威海衛劉公島十一日辰時至
金山所海口灣住守候風便西行已近寧海州養
馬島自此至登州二百餘里皆係無險去處理合
禀報本日據委官登州衛百戶孟得賢禀帖報稱
相同本月二十二日據潘副使禀帖據委官登州
府通判李應斗報稱指揮王惟精等押領米船五

隻於七月十四日午時至本府蓬萊閣下十五日
祭廟十六日寅時開船理合稟報本日據備倭都
司張可久稟帖報稱相同本日酉時據萊州府知
府楊起元稟帖據原差探海馬夫報稱十七日申
時指揮王惟精等米船五隻乘風東來到本府城
北海神廟後芙蓉島停泊理合稟報八月初六日
未時據委官登州府通判李應斗呈稱本年七月
初七日承奉山東布政使司劄付蒙撫按衙門批
據本司呈前事仰職即將米石徑赴天津兵備道

交納寄放取本道囬文徑報本院施行奉此切照
甲職先蒙分巡海右道潘副使案驗蒙撫按衙門
批據該道呈前事仰職於淮安府督令犯人王佩
等糴米二千石雇船五隻每船量載四百石交付
指揮王惟精等五員押運踏試海道於六月十七
日自淮安開船至八月初三日申時到于天津衛
河口灣泊一路平穩甲職眼同本院續差千戶楊
國勳布政司今差承差王邦魯查驗船米並無短
少甲職等候天津兵備道交割另行呈報外今將

船到日期理合星馳具報等因并將樣米呈送前來本年八月三十日據委官靖海衛鎮撫宋應期登州衛百户王九經寧海衛千户崔士賢益都縣義勇官王收禀稱蒙分巡海右道潘副使明文蒙兩院批委職等押領犯人王鳳喈等前至膠州買完小麥一千二百石雇船三隻裝載於七月十五日由本州下海覆試海道本日申時至靈山海口守風二十八日方得長行八月初三日至登州府掛號廻避風雨初十日未時至桑島十一日至三

山島十二日至芙蓉島十三日子時得好風長行二十日至天津城東龍王廟前灣泊見今麥石聽候交納理合稟報本日據登州府通判李應斗報稱相同據此照得前項海道既踏試明白堪以通行今河道多事

朝廷深以爲憂一切轉運大計正臣子不遑寢食奔走講求之日但事貴慎始議當稽衆況係大計尤須致詳應否具　題與河道並運爲

國家萬年之利及應有急要事宜合行會議仰司

即便會同按都二司并巡察海道守巡海右等道
備加考訪如果衆見符合有利無害會議明白并
將應有急要事宜通呈兩院以憑覆議會　題施
行蒙此又據本司經歷司呈抄蒙巡按山東監察
張御史案驗同前事蒙此該本司左布政使王宗
沐會同右政使陳縴左參政劉孝龍光右參議宋
守約按察司按察使吳文華副使周鑑李汶僉事
高克謙都司署都指揮僉事李希周張承業并巡
察海道副使郭文和分守海右道右參政徐衍祚

分巡海右道副使潘允端會議得治體莫先於法
祖須尋已試之規　國計最急於恤民惟求利多之
便海運裕國始自元人至於我
朝洪武末年運七十萬石以餉遼左永樂初制運六
十萬石以給　京師恭惟
二祖聖明獨斷謀臣畫策乃俯循元人之途以足漕
輸之額者誠以都燕之利在海也猶之都秦則必
通渭都汴則必通河方域所拘勢無異便轉輸之
利在海也據其省費則裕民財速達則紓民力全

利所委理有當同及尚書宋禮開通濟河猶有三年一次海運之議輔臣丘濬方當河漕通利尚著彼不至而此來之文登州海船裁於嘉靖三年遮洋一總革於四十五載海運遺規盡廢未久使濟河安流何庸別議邇歲以來河流屢決工程浩大挑濬艱辛公帑匱乏私貼繁冗民力瘁竭民命傷殘歲額之漂失太多太倉之空虛可慮致厪

聖明軫念諫官陳言

特遣科臣東視海上又蒙撫按多方踏試據今來麥

船隻皆抵天津並無阻碍誠行海運利有數端萬艘並開舟無守幇之苦片帆徑度糧靡剝淺之虞一年但以夏初上運及時更番足息人力一月可以直達天津乘汛利涉寧用淹時力既息則往來不疲時不淹則行糧可省牽輓於赤日之中運卒久勞矣海上則卧舟可行專仰於行糧之給運卒久貧矣海舟則餘貨可帶運卒有鑿舟而逃者海中則逃將焉歸運卒有竊米爲市者海中則市將誰易其他便利未敢悉陳惟是風波人遂稱險然

河運不免漂失豈必海波海行終無掛欠利亦相當况今次踏出新道視殷明畧所開尤爲穩捷若使行船不爽汛期不忽占候自可萬全無失至於防海衛所犬牙聯絡乆缘承平百務廢弛海運之日漸加整齊不惟足護國漕抑且兼裨海禁開此一路拱護

神都北以居庸爲城南以大海爲池誠爲

宗社萬年至計法

祖恤民不無兼得乞蚤爲題　請國計幸甚若夫或

多運或少運造船更卒頗費詳圖或總漕或分漕
文武臣工稍應增置此則恭候
宸斷廟謨非藩服微臣所敢輕議等因具呈到臣據
此案照隆慶五年三月內准工部咨爲漕河淤塞
糧運艱阻事該戶科給事中李貴和具題本部覆
題恭候
命下移咨山東巡撫都御史梁夢龍及咨都察院轉
行巡按御史張士佩督同布按二司海右守巡等
官務選才幹官員逐一相勘南自淮安至麻灣北

自天津至海倉口俱係沿海地方經行有無險阻
見今商民船隻是否往來通行陳村以北亭口以
南雖有河形原未疏鑿務要計處周詳等因題奉
聖旨這事體重大還差給事中一員前去會同該省
撫按官計處停當具奏欽此備咨前來除陳村以
北亭口以南河形已該
欽差工科左給事中胡價會同臣等勘明具
奏訖所據海中道路臣等查訪得南自淮安至膠
州北自海倉口至天津內經衛所州縣海面島嶼

各有商民船隻經行歲久中段自膠州至海倉口
内經衛所州縣海面島嶼亦有島人并商民船隻
經行二十餘年各不聞險阻節行布政使司會同
按都二司巡察守巡等道備倭都司及帶管巡察
海道副使潘允端前後呈請批委才力官役照委
分踏覆委通踏堪以通行本年五月内臣等會同
欽差工科左給事中胡價前後各親詣萊登海面咫
尺長山芙蓉等島備細查訪軍衛有司士夫百姓
俱無異詞猶恐未的又經批行帶管巡察海道副

使潘允端設處罪贖委登州府通判李應斗帶領
犯人王佩等于淮安府買米二千石雇海鵰船五
隻裝載每隻十二人撐駕每船一隻幷撐駕人雇
值共銀一百兩交付指揮王惟精千戶韓禮陳瑋
緣事千戶汪士弘納級官魯礦押領由淮安下海
直至天津通行試驗本年七月初四日准漕運都
御史陳炌回咨內稱准照咨文行淮安府曉諭海
船人戶悉聽原委通判李應斗等募裝米石於六
月十七日自淮安開行出海訖擬合咨覆等因在

卷再委鎮撫宋應期百戶王九經千戶崔士賢義
勇官王收帶領犯人王鳳噐等于膠州買小麥一
千二百石雇船三隻由膠州下海直至天津覆行
試驗續據各官將經行日期地名米麥船隻灣泊
天津緣由禀報到臣會案備行該司會同按都二
司并巡察海道守巡海右等道備加考訪如果衆
見符合有利無害會議明白并將應有急要事宜
通呈兩院以憑會　題去後今據前因該臣會同
巡按山東監察御史張士佩議照自古建都一切

轉運莫不因形勝以制便宜洪惟我 朝
成祖定鼎燕京轉運大計一由河道一由海道至永
樂十年以後平江伯陳瑄開清江浦尚書宋禮開
會通河成始盡由河運然海船多存遮洋海運未
廢宋禮之議又曰雖由會通漕運每三年海運一
次是當時未嘗絕意于海運也爲慮遠矣弘治間
大學士丘濬倡議請于無事時通海運故道與河
漕並行一旦河漕少有滯塞此不來而彼來又謂
海運之利以放洋而其險也亦以放洋今欲免放

洋宜訪素知海道曲折者講求傍海通運之法歷淮揚青登等府以抵直沽濵海去處踏看萬一可行是亦良便是時河漕通利未見力行嗣是一遇滯塞大小臣工疏陳策試數百萬言皆以海運為請竟未力行正德迄嘉靖間河患益劇且頻每當究濬塞築工程浩大刻期勸完晝夜併力公犒私貼計費不貲上下窘急接連三省丁夫調發動踰十萬寒暑風雨暴露經年手足潰爛枕藉傳染疾病死亡殆不可計大衆數聚久勞怨生啓釁干和

關係不細愛　國之臣深以爲憂我
皇上撫臨華夷
天覆海涵世躋隆平乃去歲邳河陡塞一百餘里今
歲宿遷漂傷無筭異常河變屢見迭出太倉空虛
咽喉梗滯中外危之先嘗
皇上採納忠猷簡差科臣胡價會同臣等計處膠河
期通海運以佐河漕之急
社稷大計孰先于此于時臣等勘得膠河雖屬難開
而原題海道南自淮安至膠州北自天津至海倉

各有商民船隻經行歲久委堪行運及勘得中段
自膠州至海倉一帶海道與南北一水相通亦有
島人并商民船隻經行二十餘年堪以一體行運
自淮安至天津總計三千三百餘里風便兩旬可
達不便稍遲每歲五月以前風順而柔較之六月
以後更為便利臣等前後親詣萊登二府地方督
同參政劉孝副使潘允端備倭都司張可久萊州
府知府楊起元等登州府署印推官江容可等及
委官青州府同知程道東等三營把總千戶黃汝

忠等選委指揮孫學詩等照委分踏覆委通踏灣
泊程次逐一明白及訪得沿海官民俱稱二十年
前傍海潢道尚未之通今二十年來土人淮人以
及島人做販魚蝦芥豆往來不絕其道遂通未見
險阻群情踴躍臣等猶懼事無的驗令兩試俱利
兼恐人有遺識今衆見僉同臣等蚤夜思議竊以
大海風波誰則不知然海而多潢猶陸地多岐海
人行海猶陸人行陸傍海而行非横海而度海道
險利兹可具推臣又與三司各官再三面審行海

委官指揮王惟精千户韓禮陳璋緣事千户汪士弘納級官魯礦并水手等役數十餘人俱稱今次踏出海道傍海居多間由近洋洋中島嶼聯絡遇風可依岸上人烟舉目可見若船非乾朽行導占候自無他虞較啟明畧踏出之道尤屬穩捷是即丘濬所稱傍海通運果為良便臣家于陸先年未至海上不能測識濬議今待罪海邦親勘博訪幾八閱月始嘆服濬議乃

神京遠計若畏風波則江河與海皆所不免今歲

宿遷河道漂傷衆多是也若重民命則大役死亡或更多也况歲免濬築永無遷徙天津密邇通州不煩陸輓既不勞民傷財更擅形勝便宜濬之言曰家居海隅頗知海舟之便先年前後總漕大臣王恕曰高郵湖西風大作波濤洶湧損壞船隻失落錢糧人命不可勝計邵寶曰陸之為勞不減行海之險陸釴曰汶水導引南接淮泗北通白衛自元人始然河渠淺澀故終元之世海運不廢永樂年間禮部會議曰黃河漕運未能周急必藉海運

然後足用諸臣斯言當必有據今議海運誠為足
採臣等愚見請及今日以河道為正運並加綜理
以海道為備運兼為規復萬一河道未易疏通則
海運可至畜艾對證臨急無患河道大工自可安
心濬築如法以垂經久再照海防全重沿海衛所
疲玩歲久先年江南閩浙蘇松江北淮揚各沿海
州縣數被倭患近來加意整飭自是寧謐山東海
面東望朝鮮北接遼東西邇畿甸南控淮揚遠達
浙閩真四海上游形勝之區沿海衛所疲玩更甚

又無倭患識者有未然之憂今行海運兼飭海防
是不但有裨于 國計兼有裨于地方如是則咽
喉無恐肘腋有備
神京百萬人心自是安定萬年永利
昭代全規我
皇上繼述之善太平之烈光于千古矣至于急要事
宜在設官造舟簡卒兊米或先復遮洋舊運或酌
擬就便一總事圖垂久額議漸加自有
廟堂忠猷仰候

聖斷非臣等分所敢議愚所能及伏望
皇上敕下該部會議如果臣等芹曝之愚萬一可採
俯賜施行　國計幸甚
海道覆議
戶部為勘報海道事該本部題雲南清吏司案呈
奉本部送戶科抄出巡撫山東等處地方兼督理
營田都察院右僉都御史梁夢龍題前事等因奉
聖旨該部看了來說欽此又該巡按山東監察御史
張士佩題同前事奉

聖旨工部知道欽此欽遵通抄到部送司案查近爲
河變迭出漕運日艱懇乞
聖明議復
祖宗成法廣餉道以備不虞以紓旰憂事該戶科都
給事中宋良佐等題稱連年河變衝決不一乞要
查復遮洋總以通海運及據天津管倉員外郎胡
楫揭報山東撫按官差委靈山等衛指揮王惟精
等駕運粟米試行海道緣由本部查無撫按衙門
先將遮洋一總照舊議復及查勘經由海道果否

通行防護事宜有無素備速行議處等因覆奉
欽依通行去後今該前因案呈到部臣等會同太子
少保工部尚書朱衡等看得山東巡撫都御史梁
夢龍巡按御史張士佩各題稱勘試海道先差指
揮王惟精等運米二千石自淮安入海至天津交
卸後差鎮撫宋應期等運小麥一千二百石自膠
州入海至天津上納中間程途不遠運行便利乞
要循行傍海漕道以備海運一節為照
京師所需糧餉轉輸俱仰給東南

國初漕河海運尚爲兼舉後因漕河通利遂停海
運邇來徐邳一帶多被黃河衝決又沿河淺澁不
止一處糧運阻悮漂流數多先該言官建白修復
海運已經通行查勘去後今山東撫按等官奏稱
先該議開膠州等河遂因尋覓海運踏出傍海潢
道商販往來已經二十餘年與舊運出放大洋之
險不同刊刻書冊竭精覃思逐節註有應棲程島
應避險要又稱以運河爲根本以海運爲羽翼用
備一時之急誠爲求賴之圖所據具題分明已經

再試無容更議但前項海運廢弛日久一旦舉行
必須先爲少運以後不妨漸次加添應運糧米合
行漕司早爲酌撥附近地方以便轉委差官督運
必得近海慣習有力量忠計者付之懸以賞格以
使樂趨至督催行止及占候灣泊等項亦宜多方
延訪如冊内註稱各處島口大者可灣船百餘小
者止灣船一二十隻如遇前項小島衆船忽避風
濤不堪容受作何區處尤須先期講明約束有法
所用下海船隻與運河漕船不同若令旋爲打造

目今倉卒不及合行暫雇一年候後另行造辦其
駕運船隻軍士未經習練必先雇覔水手相兼搭
用應給雇值即將淮揚商稅内借用中間派撥條
欵及地方防範事宜通行漕司與山東撫按轉行
各處守巡等官查處周悉務在萬全相應題請
恭候
命下移咨漕運總兵都御史即將近便地方漕糧量
撥十二萬石以上作速運赴淮安如各處赴瓜儀
兊運事體曬揚乾潔務在四月以前趂東南風柔

始便利涉工部即動支節慎庫銀一萬五千兩差
官解赴漕司轉委各兵備等官分投雇覔堪用堅
固海船裝載前項漕糧其多寡悉照山東二次委
官運過則例不得過多以致遇風難於轉柁此書
冊所載海人喫緊之語一面選委督運把總及千
百戶等官管轄旗軍兼同慣熟水手駕運其雇覔
水手銀兩暫于淮揚商稅内動支一萬五千兩如
商稅銀兩不敷前數即將淮揚等府所貯撫按贓
罰輳補後不為例其領運把總指揮等官若一年

無欠者漕司即從優賞獎薦二年無欠者仍聽特
薦破格超陞各項差撥防範事宜開載未盡者俱
聽漕司與山東撫按等官臨時悉心計處應徑行
者徑自舉行應奏
聞者具奏定奪其雇覓船隻水手用過銀兩事完造
冊繳報所有餘剩前銀即貯漕庫以備下年支用
再照漕河一路　國家二百年來極力經營原有
深意海運一事不過用備一策所有漕河衝決淺
澁處所合行河道諸臣查照先今節奉

欽依事理作速修濬以備全運不得拮以海運致有
纖毫延緩以悞大計關係匪輕伏乞
聖裁等因隆慶五年九月二十七日戶部尚書張守
直等具題二十九日奉
聖旨是
獎勵官役
該兩院具題戶部覆奉
欽依備咨前來除欽遵施行外照得海道關係
國計至重所據委用官役前後踏試茂有勤勞內

除有罪員役已經該道呈請兩院批允贖罪外其
指揮王惟精等合行禮奬以勵人心為此除案行
布政司行轉行各衙門動支無碍官銀代辦花幣
用鼓樂導送公宇及本家以禮行奬文到各衙門
作速舉行各具動支過緣由行奬過日期回報查
考毋得泛常延緩其後開獻策各官生誠亮可嘉
移文諭奬俾知始末以慰其心各官役承奬之後
務要益勵廉幹以收嘉績俟海運通行之日該司
道將有功員役分別明白呈報以憑奬薦施行如

敢狗私誤事定行從重參治該司仍轉行巡察守
巡海右各道并備倭都司青萊登三府一體知會
施行俱毋違錯未便抄案依准呈來
計開　靈山衛指揮王惟精最先呈報海道里
數由淮安至張家灣共三千三百九十里極為詳
明後承委督率告納運米犯人王佩糴完米八百
石雇船戶王明張漢海䑳船各一隻人船價銀共
二百兩犯人華詔糴完米四百石雇船戶王洪海
䑳船一隻人船價銀共一百兩犯人欒守澤糴完

米四百石雇船戶楊果海鶻船一隻人船價銀共一百兩千戶韓禮原領魯礦鄧倣銀糴完米四百石雇船戶楊木海鶻船一隻人船價銀共一百兩同千戶陳璋緣事千戶汪士弘納級鎮撫魯礦自淮安運至天津覆試無碍效勞甚久

青州左衛千戶韓禮踏試海道自膠州海套起至登州止與指揮孫學詩會集又自靈山衛海口起至萊州府海倉口止一帶查勘島嶼程次里數灣泊盡圖貼說呈報詳明又承委于淮安買米雇船

同指揮王惟精千户陳瑋緣事千户汪士弘納級
鎮撫魯礦自淮安運至天津效勞甚久
以上二員每員銀五十兩布政司支
登州府通判李應斗承委會同指揮王惟精千户
韓禮陳瑋緣事千户汪士弘納級鎮撫魯礦于淮
安買米二千石雇淮安海鵰船五隻每船一隻用
十二人撑駕人船雇值共一百兩取有淮安總督
漕運衙門回咨在卷仍委本官前赴天津收米又
揭報查過淮安運糧船式及船户水手姓名效勞

甚久
萊州衛王徐寨千戶陳璋承委同指揮王惟精千
戶韓禮緣事千戶汪士弘納級鎮撫魯磺自淮安
運米至天津效勞甚久
膠州所緣事武舉千戶汪士弘具揭乞試海道開
欵事宜俱屬有據後承委淮安買米雇船同指揮
王惟精千戶韓禮陳璋納級鎮撫魯磺自淮安運
米至天津效勞甚久
青州左衛帶衛衛鎮撫魯磺承委淮安買米雇船

同指揮王惟精千戶韓禮陳瑋緣事千戶汪士弘自淮安運米至天津效勞甚久

文登營把總寧海衛千戶黃汝忠承委自文登縣花石港接到指揮王惟精等米船五隻同引路島船一隻由大洋避白峯頭送至寧海州養馬島險要數處俱已歷過又同指揮劉崇儒帶領善曉風候指引駕船王收李逢泰幷島人洪大江等覆勘海道灣泊處所自登州南至浮島止畫圖貼說俱屬有據效勞甚久

寧海衛指揮劉崇儒承委同緣事千戶湯詔駕田橫島船一隻接到指揮王惟精等米船五隻自浮島引路送至花石港交代與原委文登營把總千戶黃汝忠護送效勞甚久

緣事即墨營把總寧海衛千戶湯詔承委自膠州靈山衛開船由大嵩成山登州等處踏勘至萊州海倉口登岸備陳海道無阻又同指揮劉崇儒駕田橫島船一隻接到指揮王惟精等米船五隻自浮島引路送至花石港交與文登營把總黃汝忠

護送訖效勞甚久
以上七員内除湯詔已經該道呈請兩院批允
以功贖罪免叅其六員每員銀二十兩布政司
支
青州左衛指揮孫學詩踏勘海道自海倉口起至
登州止與千戶韓禮會集又同千戶楊國勳自登
州起至天津止一帶查勘海口灣泊處所頗爲詳
明又自海倉口起至膠州止畫圖貼説呈報有據
效勞爲久行青州府支

青州左衛鎮撫高鳳陽承委同萊州衛千戶孫世
忠日照縣緣事生員李永熙自膠州起至淮安止
沿海踏勘程次及灣泊處所又開報造船式様及
合用官斛官尺效勞為久行青州府支
萊州衛千戶孫世忠承委同青州衛鎮撫高鳳陽
日照縣緣事生員李永熙自膠州至淮安沿海踏
勘程次及灣泊處所呈報詳明又蒙差往膠州等
處查驗指揮王惟精等米船又會同委官青州府
照磨郭宗伊督催犯人孟崇仕等買完小麥自膠

州裝載訖效勞為乂行萊州府支
青州左衛千戶楊國勳承委同指揮孫學詩踏勘
海道自登州至天津止一帶旱岸海口灣泊處所
明白又自海倉口起至膠州止畫圖貼說亦備又
呈報據船戶蔣朝陽執稱登州上船至虎頭崖俱
有島嶼灣泊處所又稱虎頭崖起由海倉口唐頭
寨至天津衛九百餘里此路雖遠有灣船處所堪
以行運虎頭崖開洋往西北至天津衛五百餘里
此路徑但無灣船處所又同布政司承差王邦

叠前赴天津探聽指揮王惟精等米船到日回報
備畫天津衛海口圖一張又揭報海内時常往來
船隻装載米麥豆麵布疋等貨自唐頭寨迤東起
至天津衛羅張二店發賣查係濰縣人譚恭張東
海丁邦錦等效勞為久行青州府支
靖海衛鎮撫宋應期承委帶領告納運麥犯人孟
崇仕糴完小麥六百石犯人王鳳噐糴完小麥六
百石各雇靈山島船同千户崔士賢百户王九經
縁事義勇官王收義民李逢泰自膠州運麥至天

津覆試無碍又揭開報稱查對白峯頭係成山衛
地方屡次踏勘今又親駕麥船止見傍岸礁石一
片入水約半里許無風激浪有聲向東開十餘里
即無險阻效勞為久行文登縣支
寧海衛千戸崔士賢承委同鎮撫宋應期百戸王
九經緣事義勇官王收義民李逢泰自膠州運麥
至天津又揭報海道灣泊處所自膠州起至天津
止效勞為久行寧海州支
登州衛武舉百戸王九經承委同鎮撫宋應期千

戶崔士賢緣事義勇官王收義民李逢泰自膠州
運麥至天津又揭報海道灣泊處所自膠州起至
天津止效勞為久行登州府支
登州衛武舉百戶孟得賢揭報海道及行海事宜
俱屬有據又開報自淮安至天津中間成山等處
緊要海面俱屬明白又開報安東衛係淮人土人
商販之處又開報唐頭寨係山東人遼東人永平
人天津人二三四五月間販運布疋米豆麪塊魚
蝦幷臨清貨物往來不絕效勞為久行登州府支

寧海州義民李逢泰先同緣事義勇官王敉跟隨
文登營把總千戶黃汝忠指揮劉崇儒覆勘海道
灣泊處所自登州起南至浮島止畫圖貼說明備
又同鎮撫宋應期千戶崔士賢百戶王九經緣事
義勇官王敉自膠州運麥至天津又揭報海道灣
泊處所自膠州起至天津止效勞為久行寧海州
支
益都縣緣事義勇官王敉先同義民李逢泰跟隨
文登營把總千戶黃汝忠指揮劉崇儒覆勘海道

灣泊處所自登州起南至浮島止畫圖貼說明備
又同鎮撫宋應期千戶崔士賢百戶王九經義民
李逢泰自膠州運麥至天津效勞為久
以上十員名內除王牧已經該道呈請兩院批
允贖罪其九員名每員名銀十二兩
萊州衛王徐寨千戶陳鏜承委與黃縣閘住兵馬
胡以堪雇船裝載米豆自黃縣閘船至天津踏試
海道頗屬效勞行萊州府支
黃縣閘住兵馬胡以堪閘報海倉至天津水程頗

詳久躬同萊州衛千戶陳鏜雇船戶董一遷船一
隻裝載粳米小米菉豆自黃縣開船直抵天津路
試海道並無阻礙頗屬效勞行黃縣支
青州府照磨郭宗伊承委會同押運官鎮撫宋應
期等帶領犯人孟崇仕等于膠州買小麥一千二
百石雇島船裝載訖行青州府支
萊州衛千戶趙昜承委節催指揮王惟精等米船
起程回報行萊州府支
以上四員每員銀八兩

蓬萊縣儒學廪膳生員盧鈿學行素優首報海道可行自淮安而下膠靈登萊直至天津海中一帶灣泊要地有險無險南北商販來歷開報詳確種種有據後承本院取委校録海道新考并各圖冊蚤夜精思效勞甚久

以上一名銀八兩行登州府支

醫官劉守才跟隨指揮孫學詩踏試海道

以上一名已經該道呈允給與冠帶訖

日夜書辦海道文書畫圖本院書吏一名　王寀

以上一名銀十兩行濟南府支
日夜書寫海道文移畫圖本院寫本吏三名
鄢邦傑　劉繼文　焦瑁
以上三名每名銀八兩行濟南府支
往來星夜差遣奏報本院承差二名　朱九思
王拱
以上二名每名銀八兩行濟南府支
布政司承差王邦魯同千戶楊國動接報指揮王
惟精等米船星夜馳報

布政司吏汪東儒查訪天津海口並無淤塞回報
明白頗屬效勞
以上二名每名銀六兩布政司支
海右兵巡道舍人程有材跟隨指揮孫學詩踏試
海道
以上一名銀六兩行萊州府支
膠州民李糴跟隨千户韓禮踏試海道行膠州支
黄縣漁户王光顯跟隨指揮孫學詩踏試海道行
黄縣支

熟知海道島人安國祥跟隨指揮劉崇儒踏試海
道行登州府支
熟知海道島人洪大江跟隨指揮劉崇儒踏試海
道行登州府支
熟知海道島人李得景跟隨鎮撫高鳳陽踏試海
道行登州府支
熟知海道島人王天壽跟隨千戶韓禮踏試海道
行登州府支
熟知海道島人蔣朝陽跟隨指揮孫學詩踏試海

道行登州府支

以上七名每名銀四兩

獻策官生

青州府同知程道東濟南府同知牛若愚兗州府
推官景嵩青州府推官張集萊州府推官岳凌霜
滋陽縣知縣王埏益都縣知縣杜其驕壽光縣知
縣劉朴臨朐縣知縣李塡諸城縣知縣王三錫樂
安縣知縣吳一龍博興縣知縣王尭臣昌樂縣知
縣袁禮高苑縣知縣袁稽掖縣知縣趙欽湯高密

縣知縣李尚賓章丘縣儒學教諭陳量濰縣儒學
教諭庚吉登州衛閑住都司沃允謙威海衛指揮
王曰然萊州衛指揮雷鳴春安東衛指揮胡鳴韶
登州衛千戶齊思賢濟寧衛千戶張增黄縣致仕
知縣胡熈正平度州監生崔旦蓬萊縣生員張德
化黄縣生員仲思極萊陽縣生員王業儒日照縣
生員李永熈
以上三十員名移文諭奬俾知始末以慰其心
自淮安納米海運犯人三名　王佩　華詔

欒守澤

以上各犯已經該道呈請兩院批允贖罪訖

自膠州納麥海運犯人二名　孟崇仕　王鳳邑

以上各犯已經該道呈請兩院批允贖罪訖

會薦憲臣

欽差巡撫山東等處地方兼督理營田都察院右僉

都御史梁夢龍巡按山東監察御史吳從憲　題

爲會薦卓異憲臣乞

賜加秩久任以責成效事訪得山東按察司分巡海

右兼整飭青州兵備管理屯田副使潘允端天性敏毅智畧弘贍凡政屬艱大人所縮手獨能挺身若事值紛遝人所不堪獨能立就乂攝數道備歷諸艱礦盜防有先機鹽徒歲無一犯軍民胥服僚屬共推勞蹟有裨于地方赤心無忝于臣節誠盤根錯節之器乃長駕遠馭之才邇者計處遼人益彰恩信踏試海道更竭勤誠臣與巡按御史張士佩目擊其勞心服其忠議照世際隆平斯賢才勵翼今

朝廷懸卓異之格方面有加秩之例若允端者殆其人也况遼人經其計慮悚畏方新海道賴其踏試險夷已熟重務方興用人為急加之激勸精采自殊假以歲時料理益密伏望

皇上敕下吏部再加查訪如果臣言不謬乞將潘允端照例加秩以旌卓異俾之久任以課功能俟有成效亟

賜超擢展其才猷如或誤事咎將何辭如此則庶職競奮重務有託矣為此具本專差承差黃存禮親

齎謹題請

旨

處置事宜

案照先准戶部咨該兩院會題前事本部覆奉

欽依移咨前來已經備行布政司通行各司道查照施行外所有委官提調海道設立標記預備船工事宜合行開款通行遵守庶免臨時錯悞爲此案仰布政司官吏即便轉行巡察海道守巡海右道武定兵備道守巡濟南道備倭都司將後開條款

行各委官遂一遵照施行如有未盡事宜該司道作速議呈定奪事完之日該司道將各委官任事悞事實跡列為四等具呈兩院以憑分別薦獎戒劾用示勸懲

計開　一提調海道

即墨營原設提調海防把總二員

提調本營一帶海道自南直隸鷹遊山起至海洋所黃島止關防口岸設立標記巡革奸弊糧船往回之日暫駐居中田橫島防護指引灣泊迴避把

總一員鰲山衛指揮僉事朱衣量帶兵快
提調本營策應海道事務把總一員膠州守禦千
戶所正千戶臣受爵
文登營原設提調海防把總二員
提調本營一帶海道自海洋所青島起至寧海州
養馬島止關防口岸設立標記巡革姦弊糧船往
回之日暫駐居中駱駝口防護指引灣泊迴避把
總一員寧海衛前所副千戶黃汝忠量帶兵快
提調本營策應海道事務把總一員萊州衛右所

正千戶王通

登州營原設提調海防把總二員

提調本營一帶海道自寧海州崆峒島起至青州衛唐頭寨備禦百戶所止關防口岸設立標記巡革姦弊糧船往回之日暫駐居中沙門島防護指引灣泊迴避把總一員登州衛指揮使趙康侯輩

帶兵快

提調本營策應海道事務把總一員登州衛指揮僉事王科

一以上海道係巡察海道守巡海右道備倭都司
地方巡察海道郭副使分守海右道徐參政分
巡海右道潘副使備倭張都司會同調度案行
各官遵照施行仍委青州府同知程道東登州
府通判李應斗往來提調稽查
提調唐頭寨以西海道自濟南府屬絲罔口起至
大溝河止關防口岸設立標記巡革姦弊糧船回
往之日暫駐居中文山河防護指引灣泊迴避總
委官一員濟南衛指揮同知陶翔分委官二員萊

州衛王徐寨千戶陳鏜靖海衛鎮撫宋應期
以上海道係武定兵備道守巡濟南道地方武
定兵備道甄僉事分守濟南道宋參議分巡濟
南道徐僉事會同調度案行各官遵照施行仍
委濟南府同知牛若愚濱州知州萬鵬程往來
提調稽查

一設立標記

或口岸或島嶼可以灣泊去處豎立大杉杆每杆
上晝懸黃布大旗一面夜懸大燈籠一箇鐵絲織

繫鐵底鐵盖糊以油紙或油絹內燃長明燈一盞務要設法緊束杆上毋致風擺每杆下用小漁船二隻晝夜伺候懸掛旗燈每船用銅鑼一面見糧船至即擊鑼為號灣與不灣任其自便糧船行日爲始船盡爲止糧船回日爲始船盡爲止或始或止俱候該道傳示灣船去處或堪容一二三四十隻或五六七八十隻或百隻以上或二百隻以上或三百隻以上各於兩頭竪立大杉杆懸掛旗燈如本處灣泊滿足不堪再容即收旗燈後到船隻

或趨前或靠後取便灣泊免致壅塞敢有違悞從
重治罪
或礁石或淺灘應該迴避去處豎立大杉杆每杆
上晝懸青布號帶二條夜懸大燈籠二箇鐵絲鐵
繫鐵底鐵蓋糊以油紙或油絹或燃長明燈一盞
二籠一上一下懸掛務要設法緊束杆上毋致風
擺每杆下用小漁船二隻晝夜伺候懸掛帶燈每
船用牛角喇叭一箇見糧船至即吹喇叭爲號令
其迴避糧船行日爲始船盡爲止糧船回日爲始

船盡爲止或始或止俱候該道傳示礁石淺灘去處如根生通岸者如根生連島者礁石淺灘盡處豎立一杆懸掛雙帶雙燈礁石淺灘離岸離島者兩頭盡處各豎立一杆各懸掛雙帶雙燈敢有違悮從重治罪

一預備船工

查得海船安東衛東流所諸城縣膠州靈山衛夏河所即墨營海洋所靖海衛寧津所成山衛百尺所威海衛福山縣招遠縣樂安縣弃洪島劉公島

沙門島芙蓉島唐頭寨及案開未盡地方多有素
行海道慣熟水手巡察海道會同守巡海右道備
倭都司精選四百名取具各該州縣衛所保結該
道訓練齊備開造姓名籍貫文册呈報兩院知會
聽候咨送總督漕運衙門分發糧船指引海道各
後工食奉有
欽依動支淮揚商稅銀兩臨期本院移咨總督漕運
衙門與淮安水手工食一體施行其自山東至淮
安量給盤纏銀幾錢安家銀幾錢應于何項銀兩

動支該道會議明白具呈兩院批允支給以重初
役不為常例仍備細出示曉諭各役知悉
以上俱限二月初十以裏料理完備該道稽查
明白星馳開報兩院該道仍刊爲小冊分發駕
船員役各要熟記臨時不許錯認其海道灣泊
迴避去處所轄各有幾處該道幷備倭都司另
開手冊預先呈送兩院以憑稽查
一淮安糧船以今十二萬石每船四百石而計該船
三百隻今議分六起每起五十隻間兩日發一起

以便小島陸續灣泊

一運米官指揮王惟精千户韓禮陳瑋汪士弘帶

銜衛鎮撫魯𥓓運麥官鎮撫宋應期千户崔士賢

百户王九經義勇官王收各官一面聽該道委勘

灣泊一面聽本院咨送總督漕運衙門運糧

一海運既行海防益當慎重一二喫緊事宜本院

查訪畧有端緒竊恐一隅之見未爲僉同之謀該

司道均切體

國各抱遠猷詳加查訪議擬明白要見某事作何

整備某事作何嚴禁某事作何互察某事作何量
復預先呈報兩院以憑參酌題
請永裨海防
提調北直隸海道自鹽山縣口岸起至天津止關
防口岸設立標記巡革姦弊糧船往迴之日暫駐
居中乞溝海口防護指引灣泊迴避委官某衙門
某官某人量帶兵快係天津兵備道地方已經兩
院移文北直隸撫按轉行該道查照會同武定兵
備道守巡濟南道一體施行

北直隸一段海道　灣泊一節止應于口岸處所
竪立標記別無島嶼廻避一節止應于淺灘處所
竪立標記別無礁石

一海道自南直隸淮安起至北直隸天津止共計三千三百餘里南直隸除河行兩日之程出六套口至鷹遊山止海行一日之程北直隸起鹽山縣口岸至天津止海行兩日之程中間海道俱山東青登萊濟四府地方

海運新考卷之中

